Lö+9 61.

I.

DU

MINISTÈRE

ET

DE LA POLITIQUE

EXTÉRIEURE.

LE NORMANT FILS, IMPRIMEUR DU ROI,
rue de Seine, n° 8, faubourg Saint-Germain

DU
MINISTÈRE
ET
DE LA POLITIQUE
EXTÉRIEURE.

PAR M. COUSTELIN.

A PARIS,

CHEZ { LE NORMANT PÈRE, rue de Seine, n° 8.
N. PICHARD, quai de Conti n° 5.
Et tous les libraires du Palais-Royal.

1824.

Nota. Pag. 7, 1ᵉʳ ligne, *s'oppose*; lisez *s'opposoit*.
Pag. 21, lig. 11, après *faisoient*; ajoutez *sentir*.

DU MINISTÈRE
ET
DE LA POLITIQUE
EXTÉRIEURE.

DU MINISTÈRE.

APRÈS avoir répandu des larmes de douleur sur la tombe d'un Bourbon rappelé au sein du Dieu de saint Louis, reportons avec ravissement nos regards vers cet autre Bourbon qui lui succède au trône de ses pères ; renouvelons à ses pieds le serment de fidélité dont nous lui avons donné des preuves, et faisons des vœux pour que tous les Français n'aient plus qu'un même sentiment, celui de l'amour pour leur Roi. Eh! qui en fut jamais plus digne? quel être assez endurci resteroit insensible aux vertus de ce bon prince? Heureuse France! quelle durée de gloire et de félicité son règne le promet! Ah! si son cœur, où chaque Français trouve une place, ne peut faire tous les heureux qu'il voudroit, on peut être sûr que nul ne sera malheureux par sa faute.

Reposons-nous en paix sur la sollicitude paternelle de Charles X. Il connoît d'avance les plaies qui lui restent à fermer, et les souffrances qu'il doit finir. Il frappera de son auguste réprobation cette politique infâme qui s'obstine à laisser dans la misère et l'oubli ses plus fidèles serviteurs : il n'oubliera point ceux qui, au jour de malheur, abandonnèrent parens, fortune, patrie pour le suivre sur la terre de l'exil, et adoucirent, par leur dévoûment, l'amertume du chagrin que la révolte et la trahison lui ont causé ; il sait qu'on peut être indulgent pour l'erreur, sans être injuste envers la fidélité; que, dans aucun cas, il ne faut se départir des principes de gratitude et d'équité qui assurent la stabilité des trônes et l'avenir des nations. Franc et loyal, il confondra la ruse et l'intrigue ; ami de la vérité, il a déjà brisé les entraves qu'on lui oppose, parce qu'il ne peut que gagner à la libre expression de nos sentimens. Si les éloges qu'on prodigue trop souvent aux rois, rendent les hommages sincères quelquefois suspects, les nôtres pour son auguste personne ne le seront jamais.

Mais, afin de faciliter notre bien-aimé souverain dans ses désirs de faire notre bonheur, portons au pied de son trône le foible tribut de nos réflexions; dévoilons-lui la vérité telle qu'elle apparoît à nos yeux : plus il est bon, magnanime, plus nous la lui devons tout entière; la lui cacher, ce seroit le trahir. Si nous nous trompons, il daignera nous pardonner en faveur des motifs qui nous ont guidé. Si parmi nos remarques il s'en trouve d'utiles, nous jouirons de la satisfaction d'avoir rempli notre tâche de loyal serviteur.

Dans ces derniers temps, l'administration abusant de l'état souffrant du vénérable monarque décédé, s'est livrée à une suite d'actes dont le scandale a fait gémir tous les honnêtes gens; celui, entre autres, qui retiroit aux Français le droit d'émettre son opinion sur tout ce qui est du domaine de l'intérêt public, semble être marqué du cachet de la démence. Le jour de sa promulgation, chacun regardoit autour de lui, et se demandoit avec stupeur où étoit le péril qui avoit pu donner lieu à une mesure aussi extraordinaire, et s'effrayoit sur les conséquences qu'elle devoit produire.

Eh quoi ! c'est dans le temps que la Sainte-Alliance resserre tous les jours davantage les liens de son union, qu'elle suit invariablement les principes conservateurs qui ont cimenté le repos du monde, que la France commence à respirer de ses trop funestes dissensions, que l'on osoit suspendre le cours de notre pacte social dans ses dispositions les plus importantes !

Eh ! quel moment offrit jamais plus de chances favorables pour travailler à consolider notre bonheur ! La mort d'un personnage fameux ramenoit peu à peu à la légitimité des hommes qu'un sentiment d'admiration ou de reconnoissance avoit attachés à sa destinée ; la guerre d'Espagne, si glorieusement terminée, avoit fourni à notre brave armée l'occasion de faire briller l'excellent esprit dont elle est animée, et avoit forcé le parti, qui naguère inspiroit nos craintes, à modifier, d'une manière sensible, la violence de ses attaques polémiques, afin de ne pas se voir entièrement abandonné par le petit nombre de prosélytes qui lui reste, mais qui, nous osons le croire, se seroit bientôt circonscrit dans les bornes d'une opposition légale et véritablement constitutionnelle ; enfin quand la France tranquille et florissante ne cesse de former des vœux pour la prospérité de cette royale famille à qui elle est redevable de sa félicité.

Le considérant de cette mesure intempestive est basé sur un principe de droit récemment proclamé par les cours suprêmes du royaume, ce qui, conséquemment, est une censure amère de leurs décisions, et une violation manifeste du respect dû à la chose jugée. Quelle peut être la capacité de quelques ministres étrangers à la science du droit, ou qui l'ont à peine effleurée, pour infirmer le jugement de la haute magistrature choisie parmi les hommes les plus vertueux et les plus éclairés de France, qui ont vieilli dans l'étude de la jurisprudence, dont tout accès à l'ambition est désormais fermé pour eux ; en un mot, dont les preuves réitérées qu'ils ont données de leur indépendance et de leur équité, les ont élevés si haut dans la vénération du peuple ? Il est probable que ces Messieurs ne se sont pas fait illusion à cet égard, mais que la fatalité qui les pousse à leur perte, les a livrés aux inspirations de leur amour-propre blessé et de leur dépit.

Si la responsabilité ministérielle, consacrée par la Charte, existoit de fait, je pense que le considérant sur lequel on a fondé la nécessité de cette mesure, motiveroit suffisamment la mise en accusation des trois ministres qui ont contresigné l'ordonnance. C'est sans contredit l'œuvre le plus impolitique que l'on puisse concevoir, en ce qu'il tend à déconsidérer les décisions d'un corps appelé à prononcer sur l'honneur, la fortune et la vie des citoyens, tandis que le gouvernement est le plus intéressé à l'entourer du respect qui lui est si nécessaire, et qu'il a si bien mérité à tous égards. Comment l'individu qui se trouvera frappé par une décision des tribunaux, se croira-t-il bien jugé ? Ne pourra-t-il pas dire à ses juges : Puisque vous vous êtes trompés ou avez agi avec passion (on ne peut admettre que l'une ou l'autre hypothèse) dans un procès où le gouvernement étoit partie intéressée, à plus forte raison vous pouvez errer ou vous laisser entraîner par des considérations particulières dans une affaire qui me concerne ?

Par ce précédent il se croira suffisamment autorisé à récriminer et à en appeler continuellement à l'opinion publique du jugement qui le condamne.

Si le trône légitime et le bonheur de la France n'avoient maintenant rien à craindre de la liberté des feuilles périodiques, il faut avouer qu'il n'en étoit pas de même pour la vanité ministérielle. Tous les jours on y divulguoit des faits qu'il est bon que la nation et son souverain connoissent; mais leur publicité ne convenoit pas également aux ministres : alors il fallut bien l'empêcher.

Parmi les nombreux reproches qu'elles leur adressoient pour accuser leur incapacité, quelques uns méritent une attention particulière. Je vais les soumettre à la sagacité de ceux de mes lecteurs qui n'auroient pas lu les numéros du *Courrier Français* desquels ils sont extraits. Ce journal qui me paroît traiter les questions de finances avec beaucoup d'exactitude et de talent, rapporte dans son numéro du 27 juillet que dix millions sont portés au budget de 1825 pour intérêts de cautionnemens de l'année 1824. Il s'étonne que le Trésor soit en arrière sur cet objet, et il dit : « Comment se fait-il que cette irrégularité existe depuis sept ans à l'insu des Chambres, sans que le ministre qui, chaque année, leur demande des fonds pour les intérêts de cautionnemens, ait jamais pensé à les en avertir? Pourquoi leur avoir caché si long-temps un fait essentiel qu'elles ignoreroient probablement encore s'il n'eût pas été question de réduire l'allocation à laquelle il se rapporte? D'année en année, les Chambres ont voté sur un objet qui étoit autre que ce qu'elles croyoient, et le ministre, qui provoquoit leur vote, est constamment resté témoin silencieux de l'erreur commune ; est-ce là administrer à découvert les revenus de l'Etat? Et convient-il après cela de vanter l'excellence de notre système de comptabilité, la clarté et la perfection de nos comptes, comme le faisoit encore M. de Villèle, il y a peu de jours? » Après avoir réfuté le raisonnement du ministre des finances, et s'appuyant de l'opinion émise par M. de la Bourdonnaye à la Chambre des Députés, de laquelle il résulteroit que les fonds pour acquitter les intérêts de cautionnemens, ont été votés d'avance d'année en année, il s'exprime ainsi : « Il n'y a donc pas eu nécessité, comme le prétend S. Exc., de payer les intérêts de cautionnemens de 1816 avec les fonds de 1817 ; si on l'a réellement fait, j'ignore pourquoi, et je demande où sont passés les huit millions de 1816 »

Dans un article du 14 août, il prétend que la réussite du projet de remboursement de la rente devoit procurer des profits immenses aux agioteurs et aux spéculateurs placés le plus près de la main dirigeante. Ensuite il démontre par des calculs que depuis l'époque où les créanciers de l'Etat ont été définitivement inscrits sur le grand-livre, une quantité considérable de titres ont été détruits, soit par les naufrages, les incendies, les morts subites et les disparitions des célibataires, et que l'on peut en évaluer le montant à 40 millions, c'est-à-dire deux millions de rente. Il termine par les réflexions suivantes : « Dans le projet du remboursement de la rente, a-t-on défalqué cette somme de celle qui seroit passible du remboursement ? a-t-on dit à qui en reviendroit le bénéfice ? Comment se fait-il que ces deux millions figurent tous les ans au budget ? Dans quelle caisse tombent-ils, puisqu'on ne les acquitte pas ? Entre quelles mains ce passif fictif devient-il un actif réel ? Nous le demandons à M. de Villèle, ne doutant pas que sa loyauté, si elle ne s'est pas encore avisée de cet objet, n'en alloue le produit au Trésor royal, soit qu'il persiste dans son projet, soit qu'il se borne à rendre aux Chambres ses comptes de chaque année. »

Dans les années 1821 et 1822, M. le ministre de l'intérieur obtient des lois pour faire construire ou achever plusieurs canaux projetés ou commencés : il eut la faculté de contracter des emprunts pour solder les dépenses que ces entreprises nécessiteroient ; mais par une mauvaise combinaison des versemens du prêteur avec les sommes employées à payer les travaux exécutés journellement, il en résulteroit, selon la même feuille du 15 août, qu'une somme de 16 millions est restée inactive dans les caisses de ce ministre ; ce qui occasionne une perte pour le Trésor d'environ 3 millions pour frais d'intérêts.

Il existe une opinion généralement répandue parmi les personnes qui fréquentent la Bourse, qu'un très-haut personnage seroit associé à de grandes maisons de banque qui spéculent sur les effets publics. Sans apprécier jusqu'à quel point cette opinion peut être fondée, je puis assurer qu'elle existe réellement. Il paroît même qu'elle a franchi les barrières de Paris, puisqu'un paysan de la vallée aux Loups dit, dans son épître à M. de Chateaubriand,

> Qu'un trésorier gascon escomptant les nouvelles
> Qui des camps d'Ibérie arrivoient sur ses ailes,
> Gouvernoit sur la place, et trompoit à la fois
> Les financiers romains et les carthaginois.

Je sais que la poésie a ses fictions et ses licences : aussi je transcris ces quatre vers sans attacher la moindre importance au sens qu'ils paroissent renfermer. Mais voici encore un article du *Courrier Français*, du 9 août, où, après avoir parlé des fluctuations qui ont eu lieu la veille sur la rente, finit par exhorter les joueurs à se corriger de la funeste passion qui les porte à risquer leur fortune dans des opérations hasardeuses. « Toutefois, leur dit-il, ce danger n'est pas le même pour tout le monde; il est certaines gens qui sont tous les soirs aussi bien informés que le syndic des agens de change de toutes les opérations de la bourse du jour; qui sont au courant aussi bien que le président du conseil de tout ce qui se passe en Europe, pour qui le télégraphe même n'a pas de secrets. Ces gens-là jouent à coup sûr. Spéculateurs, le portrait, que nous venons de vous faire, n'est pas un portrait de

fantaisie. Après cela, ne nous demandez pas
notre opinion sur la hausse ou sur la baisse,
car nous vous répondrons : « Ne jouez pas,
» vos adversaires ont trop d'avantages contre
» vous ; avec leurs moyens, ils sont en état de
» vous dire dans combien de temps l'argent,
» qui est dans votre caisse, passera dans la
» leur. »

Depuis deux ou trois ans, plusieurs cen-
taines de pères de famille se sont ruinés à ce
terrible jeu; leurs fortunes, qui servoient à
vivifier le commerce et à alimenter les caisses
de l'Etat, ont été s'engloutir dans celles de quelques financiers rapaces qui entassent trésor
sur trésor; puissent les larmes de désespoir
des malheureux enfans, dont ils ont dépouillé
les pères, et les malédictions de tous ceux
qui portent un cœur sensible, parvenir jusqu'à eux, et ne leur laisser goûter de repos
que lorsqu'ils auront renoncé à cet infâme
trafic !

De toutes les révélations que le *Journal des
Débats* nous a faites, je ne puis résister au
plaisir de citer celle qui nous apprend qu'une
excellence, dans ses momens de gaîté, se per-
mettoit sur la Charte des plaisanteries d'aussi
mauvais ton que de mauvais goût; ce qui, si

la chose étoit vraie, ne seroit pas d'une orthodoxie constitutionnelle très-édifiante.

Voilà des faits, des calculs et des raisonnemens que les feuilles ministérielles auroient dû s'appliquer à combattre avec des armes de la même espèce, et nous convaincre que ces négligences, pour ne pas dire plus, ne sont au fond que de savantes combinaisons, au lieu d'entonner à tort et à travers un cantique sempiternel en l'honneur de leur maître.

Le peuple est naturellement dans un état permanent de défiance, de jalousie et de haine envers les dépositaires de l'autorité, parce qu'il craint toujours qu'il ne leur prenne fantaisie d'abuser du pouvoir dont ils sont investis pour l'opprimer, dispenser arbitrairement la faveur de l'Etat et s'enrichir de la fortune publique. Il porte quelquefois l'injustice à cet égard jusqu'à prendre pour des réalités tous les soupçons que sa susceptibilité lui suggère. Mais s'il voit dans les journaux qui sont l'interprète de ses sentimens que le pouvoir trouve en eux des surveillans indépendans et sévères, incessamment occupés à signaler ses fautes et à défendre l'intérêt général, il est satisfait, se livre paisiblement à ses travaux ou à ses plaisirs avec une entière sécurité, étant convaincu que d'autres veillent pour lui sur tout ce qu'il a de plus cher. D'un autre côté, le Français né malin, suivant Boileau, aime volontiers à faire expier par des épigrammes les jouissances de ceux qui font bombance à ses dépens. Cela semble lui alléger un peu le fardeau des impôts dont il est surchargé et lui rend l'obéissance plus facile. Mazarin qui, quoique étranger, connoissoit mieux le génie de la nation que certains ministres qui sont nés en France, sur ce qu'on lui disoit que le peuple chantoit (il sentoit bien que c'étoit à ses dépens), répondoit: « S'il chante, il paiera. » Il avoit raison, le Français paie, et il est désarmé sitôt qu'il a ri. Mais s'il voit que l'autorité opprime ceux qu'il considère comme ses défenseurs, qu'une administration inquisitoriale s'enquière de tous ses gestes et mots, il s'inquiète, s'enflamme; il suppose que ce ne peut être que dans de mauvaises intentions qu'on en agit ainsi: son esprit effrayé s'exagère tout, et dans son délire, il est capable de se porter aux dernières extrémités. Telle est la nature de l'homme en général, particulièrement des Français plus susceptibles que tout autre peuple à recevoir des impressions soudaines et violentes.

Dans ma simplicité tant soit peu provinciale, je m'étois figuré qu'un royaliste étoit un homme d'un foi et d'une conscience politique à toute épreuve, qu'il mettoit toute sa gloire et n'ambitionnoit les places que dans l'unique but d'être plus à même de servir utilement sa patrie et son Roi, qu'il étoit toujours disposé à faire abnégation de lui-même pour le triomphe d'une cause aussi sacrée. J'étois confirmé dans mon opinion en me rappelant les nobles et généreux sacrifices que tant de valeureux champions de la fidélité s'étoient jadis volontairement imposés.

En conséquence, lorsque MM. de Villèle et Corbière prirent les rênes du gouvernement, je m'attendois à les voir s'entourer de ceux de leurs amis qui s'étoient le plus distingués en combattant avec eux sous les enseignes de la légitimité, et s'éclairer de leurs lumières ; ensuite, qu'ils exciteroient l'émulation, provoqueroient par des récompenses les écrivains de leur parti à les aider de leurs conseils : ce qui, pourtant, n'emporte pas l'obligation de les suivre aveuglément, vu qu'ils ne sont pas plus infaillibles que ne peut l'être un ministre ;

quoique parfaitement d'accord sur les principes et sur les doctrines, on peut quelquefois être d'avis contraire sur leur application. Cette diversité dans la manière d'envisager les objets purement de détail, tient à la différence qui existe dans l'intelligence intellectuelle et l'organisation physique des individus. Mais ces sortes de dissidences, loin d'avoir des inconvéniens, ne sauroient, pour des personnes qui cherchent franchement la vérité, qu'offrir de très-grands avantages. Si dans la critique raisonnée de ces amis, sur des opérations administratives ou sur leur système en général, les ministres s'aperçoivent de quelques vices qui n'avoient pu d'abord frapper leur esprit, ils s'empresseront de les corriger, sinon ils y réfléchiront mûrement, attendront d'avoir acquis la conviction qui leur manque, ou que les contradicteurs aient reconnu leurs erreurs. S'il arrivoit cependant que l'opposition royaliste, qui ne peut jamais être qu'une opposition de bonne foi, entraînât l'opinion publique de son côté, et devînt tellement pressante dans ses exigences que les ministres n'eussent que l'alternative de compromettre le salut de l'Etat en persévérant dans leur système, ou de trahir leur conscience en l'abandonnant, ils se retireroient en disant comme ce Grec, qu'il rendoit grâces aux dieux de ce que son pays possédoit des hommes plus capables que lui de faire son bonheur. Au lieu de cela, quel fut mon désappointement lorsque je vis MM. de Villèle et Corbière s'éloigner tout à coup de leurs anciens collègues, et bientôt les traiter en ennemis ; nous les vîmes ensuite se refuser à faire la guerre d'Espagne et vexer les écrivains royalistes qui leur faisoient la nécessité de l'entreprendre. Enfin vivement pressés par la Sainte-Alliance, et croyant leur existence ministérielle en péril, ils y consentirent ; mais crainte d'être soupçonnés d'avoir participé à une résolution aussi généreuse, ils vinrent déclarer à la tribune de la Chambre des Députés, qu'ils étoient *forcés* de porter la guerre au-delà des Pyrénées, ou d'aller la faire sur le Rhin. Paroles imprudentes qui outragent à la fois les magnanimes souverains du Nord, la France et le ministre qui les a prononcées. Quoi ! cette Sainte-Alliance, à la sagesse de laquelle le monde doit son repos, vous force à n'avoir à opter qu'entre deux malheurs ! Là où il y a force, il y a tyrannie ; vous, chargés de défendre la dignité du trône et de la

France, vous leur faites subir une loi tyrannique ; qui plus est, vous ne rougissez pas d'en être les exécuteurs ! Tous les jours un gouvernement se voit dans l'obligation de n'avoir à choisir qu'entre deux maux : l'humanité lui commande de préférer toujours le moindre ; il suit en cela un devoir rigoureux, telle étoit l'alternative où nous nous trouvions alors, il falloit aller prodiguer nos trésors et notre armée en Espagne, ou attendre qu'elle apportât chez nous tous les fléaux que sa révolution avoit enfantés.

Par la déclaration de M. de Villèle, la question changeoit absolument de face, ce n'étoit pas une nécessité de devoir que nous allions accomplir, mais une loi imposée qu'il nous falloit exécuter : la Sainte-Alliance ayant décidé la guerre à notre insu, nous ordonnoit de la faire, ou elle nous attaqueroit en cas de refus. Si la chose étoit vraie, et que nous fussions dans la triste condition d'accepter le joug, un ministre habile eût épargné à sa patrie la honte de savoir à quel degré d'humiliation elle étoit tombée ; si elle étoit fausse, il est coupable envers les souverains du Nord pour les avoir montrés comme oppresseurs. Non, il n'est point vrai que la France en fût réduite à cette extrémité, ni que ces monarques voulussent une injustice : c'est M. de Villèle qui s'opposoit à la guerre, ainsi que ses journaux et ses actions l'ont prouvé ; autrement, au lieu de récriminer indirectement contre eux, il auroit démontré le bienfait de leur résolution. Mais si, dans le fond de son âme, il la croyoit contraire à nos intérêts, il auroit dû protester et se retirer. Se retirer! voilà la pierre de touche pour quelqu'un qui veut à tout prix garder son poste. Il resta donc, et grâce au dévergondage politique auquel trente années de révolution nous ont habitués, son crédit s'est accru ; si la guerre avoit mal tourné, même par sa faute, il auroit secrètement triomphé, se seroit vanté d'en avoir prévu la malheureuse issue. A-t-elle réussi par les sages mesures du Prince généralissime, et par la valeur de son armée, il s'en attribue l'honneur, il ne lui suffit pas d'en avoir eu une bonne partie du profit.

Comme en politique une faute en amène toujours une autre, qu'une fois lancé dans une fausse direction, plus on va en avant, plus on se fourvoie, aux dernières élections nous fûmes témoins du scandale de voir le ministère user de son influence pour empêcher la nomination de royalistes connus par leurs talens, par leur dévouement sans bornes à la dynastie légitime, et généralement estimés par la loyauté de leur caractère. Depuis peu les tribunaux ont retenti du honteux trafic que l'on faisoit des journaux, de certaines transactions arrachées par la violence, tout cela dans l'intention d'étouffer l'explosion des vérités qu'ils s'obstinent à méconnoître. Hommage éternel soit rendu aux cours souveraines qui ont solennellement flétri ces infamies. Toutefois avouons qu'il faut avoir un front doublé d'un triple airain pour oser, sous le règne d'un Bourbon, opprimer des hommes qui depuis trente ans n'ont cessé de consacrer leurs talens, leur fortune et leur vie pour cette royale famille. A peine les premiers actes administratifs de MM. de Villèle et Corbière vinrent-ils signaler leur début dans la carrière, que je jugeai le système de déception qu'ils se proposoient de suivre. Dès l'année 1822, c'està-dire avant que M. de la Bourdonnaye, ensuite un écrit intitulé *Souvenirs de M. de Villèle*, vinssent nous révéler leurs entrevues nocturnes avec M. Decazes, je prédis dans une brochure ayant pour titre *Réflexions sur les affaires d'Espagne*, tout ce que nous devions attendre d'eux [1].

Pour bien s'expliquer à soi-même comment des hommes qu'on s'étoit plu long-temps à regarder comme les chefs du parti royaliste, à la Chambre des Députés, sont parvenus à se placer dans une position si différente de celle qu'ils occupoient primitivement, il est bon d'examiner attentivement la marche qu'ils ont suivie depuis 1815.

J'ignore absolument jusqu'où s'étendent les limites que les lois sur la liberté de la presse ont posées aux écrivains qui traitent des matières politiques ; mais il me semble qu'une rigoureuse investigation sur la conduite publique des hommes qui tiennent le timon de l'Etat est licite, surtout lorsqu'on a l'intime conviction qu'ils le conduisent vers l'abîme. Il est peut-être nécessaire que la sévérité de cet examen soit en rapport avec l'inflexibilité qu'ils témoignent à ne pas vouloir prendre une meilleure direction. Au surplus, les adulations dont leurs complaisans les enivrent,

---

[1] J'avoue que j'eus un instant l'espoir de m'être trompé, c'est lorsque M. de Châteaubriand entra au conseil : convaincu que le noble caractère de ce personnage ne pouvoit changer, je devois croire que ses collègues alloient s'amender.

et les jouissances que le pouvoir leur procure, les dédommagent amplement de quelques petites contrariétés. En dévoilant leur conduite au grand jour, on peut arriver à mettre le public dans le cas de se former une idée exacte de leur caractère, et des motifs qui les font agir; on peut également dessiller les yeux trop prévenus des royalistes qui ont jusqu'ici voté pour eux, et de ceux qui, placés dans les emplois élevés du gouvernement, leur prêtent le secours de leur talent. Ils jugeront de quel côté est la raison, ou des ministres qui ont abandonné les principes qu'ils professoient, ou de leurs anciens amis qui, pour y demeurer fidèles, se voient dans l'obligation de les combattre. Comme il n'est pas facile de repousser leur agression par des raisonnemens, on leur suscite des difficultés, on tâche de faire suspecter leur loyauté, en disant qu'ils en veulent à leur place, accusation banale qui répond à tout, du moins pour ceux qui ne cherchent qu'un prétexte pour justifier leurs patrons.

Il est bon d'observer que ces reproches d'ambition soient précisément adressés à des hommes qui n'ont jamais rien été, ni rien demandé, tandis qu'ils ont incessamment dévant les yeux la preuve de ce qu'on pourroit être en subordonnant sa façon de penser aux circonstances, et en flattant les passions de ceux qui distribuent les grâces. Certes! avant de nous parler de leur ambition, il faudroit nous prouver qu'ils sont fous! Mais pourquoi MM. de la Bourdonnaye, de Lalot, etc.... n'auroient-ils pas été ministres comme les autres, s'ils avoient voulu transiger avec M. Decazes? Croit-on qu'il auroit mis moins d'importance à gagner leur amitié, que celle de MM. de Villèle et Corbière? Croit-on que ceux-ci, à leur tour, ne les auroient pas fait largement participer aux faveurs, s'ils avoient consenti à marcher avec eux? Tout le monde sera persuadé du contraire.

Je n'ai jamais pu me rendre compte de l'intimité qui s'est formée entre MM. de Villèle et Corbière, dont la tournure d'esprit et le caractère sont si différens : il est probable que le premier croit que le voisinage de l'autre sert à relever son propre mérite, que c'est une ombre au tableau qui lui donne du lustre.

Chaque pied droit des banquettes de la Chambre des Députés désigne, pour ainsi dire, une nuance d'opinion politique, quoique, par le fait, on n'en distingue communément que quatre, savoir : la droite, le centre droit, la gauche et le centre gauche. Dans cette distribution, on vit nos deux inséparables s'asseoir aux premiers bancs de l'extrême droite (aujourd'hui nous pouvons juger en connoissance de cause, pourquoi ils s'étoient mis en évidence), cela équivaloit de leur part à une profession de foi qu'ils admettoient les principes et doctrines monarchiques dans toutes leurs conséquences, et s'engageoient tacitement à les faire triompher, si jamais la chose étoit en leur pouvoir, de même que de satisfaire aux besoins et aux vœux des royalistes. Pendant les sessions de 1815 et 1816, leurs discours à la tribune répondirent parfaitement à l'attente qu'on en avoit conçue. Il n'y avoit pas de séance où M. de Villèle ne parût à la tribune, il y en eut même où il y monta jusqu'à quatre fois. Son but étoit sans doute de produire de l'effet, ce qui lui réussit à merveille.

A cette époque, les hommes qui avoient exploité les hautes fonctions de l'Etat sous Buonaparte et qui vouloient en conserver le privilége sous les Bourbons, ne cessoient de répandre et d'accréditer l'opinion que les royalistes étoient des sots qui n'entendoient absolument rien aux affaires. Ceux-ci, de leur côté, charmés de trouver l'occasion de donner un démenti à leurs détracteurs, semblèrent s'être passé le mot pour exalter le mérite oratoire des deux athlètes, ce n'est pas que d'autres, tels que MM. de la Bourdonnaye, Hyde de Neuville, etc., etc. n'eussent fait preuve d'un grand talent; mais les premiers qui, comme je viens de le dire, cherchoient à produire de l'effet, se montroient plus souvent sur la brèche. Aussi ce fut sur eux que tous nos efforts se réunirent afin de les présenter à l'admiration de la France. Nos journaux faisoient chorus pour les célébrer, les proclamer les chefs du parti, si bien qu'en peu de temps ils eurent une réputation colossale; on a vu combien ils en ont été reconnoissans. La *Quotidienne* dont ils ont voulu dernièrement déposséder le fondateur, a peut-être plus contribué à leur élévation que les combinaisons financières de l'un et l'éloquence bretonne de l'autre.

L'adroit Toulousain ne tarda pas à s'apercevoir de tous les avantages qu'il pourroit, tôt ou tard, retirer de sa position, et je suis porté à croire que dès ce moment, il se destina *in petto* pour le département des finances;

il pouvoit choisir plus mal. Désormais il ne s'occupa plus qu'à acquérir les connoissances accessoires mais indispensables pour remplir passablement la profession à laquelle il s'étoit voué, abandonnant le soin de sa renommée aux écrivains royalistes qui ne s'en acquittèrent que trop bien.

Depuis l'année 1817 jusqu'à l'époque de leur élévation, on ne vit plus nos nouveaux Oreste et Pylade monter à la tribune que pour discuter sur des objets de finances. Pendant cet intervalle, il se présenta plusieurs occasions où l'on s'attendoit à les voir soutenir leurs amis de droite engagés dans des luttes où il ne s'agissoit de rien moins que du salut de la dynastie légitime; mais en vain, ils gardèrent toujours un silence imperturbable.

Nous avons appris plus tard l'alliance qu'ils avoient contractée avec M. Decazes, vers l'année 1818. La transition me paroît un peu brusque pour des hommes placés à la tête de la droite, avec ce ministre dont la nuance d'opinion correspondoit à celle que professoient les membres du centre gauche. Je me permettrai une petite réflexion sur cette aventure.

En politique, chaque individu a son opinion; elle lui appartient en propre; nul n'a le droit de lui en demander compte; bien entendu qu'il devra toujours en restreindre l'expression dans les bornes prescrites par les lois. Ce point de droit admis, MM. de Villèle et Corbière pouvoient fort bien partager, en 1815 et 1816, l'opinion de M. de la Bourdonnaye, et en 1817, 18, 19 et 20 celle de M. Decazes; mais alors, il me semble qu'il étoit de leur honneur de le déclarer hautement; et non seulement ils devoient appuyer ostensiblement le système ministériel, si dans leur âme et conscience ils le trouvoient bon, mais encore user de toute leur influence auprès de leurs collègues, afin de les décider à les imiter, ou, en cas de refus, se séparer d'eux, et aller siéger avec leurs nouveaux amis. Ils en agirent différemment : le jour, comme l'a dit M. de la Bourdonnaye, ils étoient à la tête de l'opposition, la nuit ils tenoient des conciliabules avec les ministres, et votoient secrètement pour eux.

Enfin, après l'horrible assassinat du duc de Berry, M. Decazes tomba; ceux de ses collègues qui restèrent en place, ne se croyant pas assez forts pour s'y maintenir, conçurent l'heureuse idée de s'adjoindre en qualité de ministres suppléans, les deux chefs du côté droit qui leur étoient déjà clandestinement attachés. Les royalistes blâmèrent cette alliance; mais d'officieux amis eurent soin d'insinuer aux mécontens que tout cela ne se faisoit que pour l'intérêt de la cause commune. Les nouveaux élus mirent beaucoup d'émulation à s'acquitter de l'obligation qui leur étoit imposée, espérant avoir un portefeuille; mais comme ceux qui en étoient en possession n'étoient pas d'humeur à les céder; dans le fait le cas étoit embarrassant; on ne quitte pas volontiers un poste où l'on se trouve bien; j'avoue qu'à leur place bien d'autres n'auroient pas été plus accommodans; la mésintelligence se mit donc parmi eux, et notre enfant de la Garonne, qui est naturellement très-irascible, se sépara brusquement de ses collègues gérans. Ce n'est pas, après tout, que ceux-ci n'eussent consenti à le mettre en activité, et à caser convenablement son acolyte; car on prétend qu'on étoit décidé à prier M. Portal de se retirer pour lui faire place. Un tel arrangement, tout séduisant qu'il paroissoit devoir être, ne pouvoit convenir à quelqu'un qui depuis six années s'étoit mis le ministère des finances en perspective. Ces Messieurs se brouillèrent, et M. de Villèle quitta le banc ministériel pour venir s'asseoir au centre droit, à côté de M. Laîné, lequel conservoit encore une certaine importance, et pouvoit, au besoin, lui servir d'intermédiaire auprès de M. Pasquier.

Cependant la session tiroit vers sa fin : les ministres en pied qui se voyoient devant eux une existence de quelques mois assurée, n'en voulurent point démordre. MM. de Villèle et Corbière s'en retournèrent chez eux, reportant toutes leurs espérances aux chances favorables que la session prochaine sembloit leur promettre. L'événement justifia pleinement cette confiance : les choses se passèrent au gré de leurs souhaits. La France, éclairée enfin par l'horrible attentat qui venoit de la replonger dans le deuil, envoya, par le renouvellement du cinquième, une majorité des députés royalistes. D'après la composition de la Chambre, et les dispositions morales de ses membres envers les ministres, M. de Villèle prévit qu'ils auroient fort à faire pour se maintenir, et qu'en cas de chute leurs successeurs ne seroient point pris dans le voisinage de M. Laîné : en conséquence, il alla reprendre son siége à l'extrême droite : le succès couronna son attente. Dans l'adresse en réponse au discours du trône, les deux fractions de droite et de gauche se réunirent pour censurer la conduite des ministres : cette censure fut le signal de leur détresse. Ainsi qu'on l'avoit prévu, MM. de Villèle et Corbière s'élevèrent sur leurs ruines; pendant le cours de cette session leurs anciens collègues de droite qui avoient à se plaindre de la manière peu franche dont ils en avoient agi à leur égard, donnèrent une preuve éclatante de leur patriotisme, en faisant le sacrifice de leur ressentiment, et votant de confiance les lois qui furent demandées, dans la noble intention de leur faciliter les moyens d'opérer le bien que la France et la justice attendoient d'eux.

Il paroît qu'ils demeurèrent insensibles à tant de générosité : dès l'ouverture de la session suivante, on les avertit sans aigreur de la fausse route dans laquelle ils s'enfonçoient, les assurant qu'ils pouvoient encore en sortir; on leur reprocha de n'avoir rien fait pour les royalistes. Cette fois du moins ils tinrent compte des avis qu'on leur donnoit; et, sitôt la clôture des Chambres, nous vîmes paroître une ordonnance qui conféroit le titre de comte à MM. de Villèle, Corbière et Peyronnet.

Beaucoup de personnes, tout en convenant que comme royalistes ces Messieurs devoient avoir part aux faveurs, prétendirent que la place de ministre, avec les avantages qui y sont attachés, étoit un à-compte qui les mettoit à même de voir venir, qu'il auroit fallu songer aux plus pressés. Eh! Messieurs, patience, ne précipitons rien ; on a voulu d'abord ne point s'écarter de ce vieil adage qui dit : *Primo mihi*. Patience, et vous verrez. En effet, on a vu successivement l'un placer son frère, l'autre son beau-frère, celui-ci son fils, sa..... j'allois dire sa fille, c'est son gendre, jeune homme qui a déjà vingt-cinq ans, et qui n'est encore que préfet.

Je laisse à d'autres la tâche de faire la récapitulation des oncles, tantes, cousins, cousines, arrière-petits-cousins (et les ministres n'en manquent pas) qui ont eu part à la distribution. Bonnes gens, qui vous figuriez que les faveurs dont ils disposent sont entre leurs mains un dépôt sacré dont ils sont moralement comptables envers la nation, que leur véritable destination est pour récompenser le mérite, la vertu, les services rendus à l'Etat et au Prince, qu'en se les attribuant à eux et à leur famille outre mesure, ils commettent un délit d'abus de pouvoir, apprenez que vous vous êtes lourdement trompés!

Je sais bien que l'on pourra me citer plus d'un choix que l'équité approuve; mais en y regardant de près, on verroit encore que ces choix sont généralement tombés sur leurs amis intimes, ou sur des personnes dont l'appui leur étoit utile, et dont l'aveugle soumission à leurs volontés étoit une affaire convenue d'avance.

Mais parmi cette quantité immense de royalistes qui n'ont pas l'honneur d'être leurs parens, leurs amis, ni d'avoir de très-hautes protections, qui cependant ont exposé leur vie, sacrifié leur fortune et leur jeunesse pour la cause des Bourbons, qu'on m'en nomme un seul qui ait été retiré de la misère ou employé dans l'administration pour raison de justice et de bon droit.

En Angleterre, d'où nous empruntons tout, excepté pourtant l'austérité des mœurs, et les vertus publiques, on voit des particuliers qui ont été plusieurs fois ministres sans avoir augmenté d'une obole leur revenu patrimonial, ni ajouter aucun titre à leurs noms. Le célèbre Pitt, après avoir gouverné son pays pendant vingt ans, mourut Pitt tout court. Il n'en est pas de même chez nous; regardez plutôt les trente ou quarante excellences que nous avons eues depuis 1814. Il faut croire que les Anglais visent davantage à la gloire. Encore un quart de siècle, l'on verra où nous aura conduits cette fureur du pouvoir, des titres, des cordons et de l'or.

Le mal ne seroit point irréparable tant que la corruption ne sortiroit point du cercle ministériel, autour duquel tous les vices de l'ambition viennent faire mouvoir toutes les ruses de l'intrigue. Les deux grands pouvoirs de l'Etat surveillent, et par leur refus de sanctionner les lois qui leur sont présentées, préviennent le monarque que les dépositaires de son autorité ont perdu la confiance de son peuple ; ces lois fussent-elles d'ailleurs très-bonnes en elles-mêmes, vu que tout se pervertit en des mains inhabiles et des âmes corrompues. Mais que l'on y prenne garde ; si la contagion, ce que je suis loin d'imaginer, venoit à s'introduire au milieu de ces illustres corps, surtout avec une Chambre élective dont la durée est portée à sept ans, nous serions perdus sans retour ; notre repos ne dépasseroit point la seconde période septennale, et le gouvernement représentatif seroit le plus intolérable de tous.

Avant la révolution, à défaut de lois écrites, la liberté civile trouvoit assez de garanties, soit dans les mœurs douces de la nation, dans le droit de remontrance de nos parlemens, dans les sentimens humains et généreux du clergé et de la noblesse; pardessus tout, dans la bonté héréditaire de l'auguste dynastie qui nous gouverne; les réformes désirables se seroient opérées avec le secours du temps. D'un autre côté, le Roi, qui ne peut vouloir que le bien, moralement responsable des opérations de ses ministres, devoit les surveiller de plus près; sa famille, qui exerçoit aussi beaucoup d'influence dans son conseil privé, pouvoit, au besoin, lui faire apercevoir des abus qui auroient échappé à sa perspicacité; plusieurs yeux y voient souvent mieux que deux. Aujourd'hui cet ordre de choses est dissous. Le souverain se repose de son autorité sur des agens responsables, suivant la lettre de la loi fondamentale, mais dont la responsabilité n'est en définitive qu'une véritable dérision. Il ne peut donc connoître les vœux et les besoins de son peuple que par la majorité des votes des Chambres. Or, s'il arrivoit qu'elles ne fussent en grande partie composées que des personnes employées du gouvernement, ou qui aspirent à l'être, ne seroit-il pas à craindre, lors même qu'elles croiroient n'agir que d'après leur conscience, que l'intérêt de leur position ne les aveuglât, et les entraînât, à leur insu, à confirmer des mesures contraires au bien public, et avec des ministres vindicatifs, capables de tout sacrifier à leur ambition, que deviendroient nos libertés, ensuite la monarchie?

Il seroit superflu de discuter si le gouvernement représentatif est compatible avec le caractère national ; ce qu'il y a de mieux à faire, c'est de s'y attacher comme à l'Arche Sainte, et d'en tirer le meilleur parti possible. Néanmoins, je trouve que ceux qui sont pour l'affirmative ont tort de s'appuyer sur l'exemple de l'Angleterre, où ce mode de gouvernement a jeté de profondes racines, et l'a élevée au comble de la prospérité. Qu'elle se hâte d'en jouir ; car je ne pense pas que ses immenses richesses, provenant du haut commerce, qu'elle exploite sans partage, doivent être un objet d'envie pour les autres peuples. Je ne reconnois de prospérité solide, conséquemment digne d'être enviée, que celle qui est basée sur le produit du sol. Continuons notre comparaison. Que l'on fasse donc attention à la différence qu'il y a dans les mœurs et dans le caractère des deux nations, de même qu'à la situation réciproque où elles se trouvoient quand elles l'ont admis.

L'Angleterre, encore voisine de la barbarie, avoit tout à créer, marine, commerce, industrie, agriculture, et, dans l'espace d'environ deux siècles, elle a parcouru tout le cercle dans lequel la nature et l'ordre de l'univers lui permettoient de s'étendre. Maintenant il faut qu'elle s'arrête : s'arrêter quand l'impulsion du mouvement est donnée, c'est rétrograder ; de là à la chute il n'y a pas loin. Depuis ce moment, les Anglais ont couru de succès en succès dans tous les genres à la fois : l'abondance a pénétré dans toutes les classes; toutes les ambitions ont pu se satisfaire ; elles n'ont eu que l'embarras du choix dans les moyens d'arriver à la fortune, ce qui a dû laisser le champ libre à ceux qui ont suivi la carrière des emplois civils et militaires, l'on peut dire qu'ils sont généralement dédaignés.

En France, nous l'avons reçu à une époque où la civilisation étoit parvenue à son apogée, et où le commerce et l'industrie, ayant reçu tous les développemens possibles, n'offrent à ceux qui s'y livrent que des chances de profits modérés, bien insuffisans pour assouvir l'avidité dont nous sommes dévorés. L'agriculture est encore loin d'avoir atteint le degré de perfection dont elle est susceptible ; mais les soins rustiques qu'elle exige ne s'adaptent point avec nos pensées constamment élevées vers les hautes régions. D'ailleurs, ce n'est pas du pain ni des pommes de terre qui nous manquent, et qu'il nous faut, c'est du gibier, des cachemires, des spectacles, des tilbury, et l'argent qui nous procure toutes ces choses d'une nécessité absolue. Où donc tourner ses regards pour en avoir ? Autrefois, quand on vouloit faire une fortune rapide, on alloit aux colonies; à présent cette ressource est tarie. Il ne nous reste plus que les hauts emplois du gouvernement; aussi c'est l'arène où les champions viennent combattre, armés de toutes pièces, et dirigeant toujours leurs batteries vers les sommités. Il faut convenir que la somme de capacité du plus grand nombre des bienheureux élus que nous avons vus se succéder depuis 1815, n'est pas propre à rebuter le plus mince des postulans, et les avantages qu'ils en ont retirés doivent aiguillonner leur ardeur. Là toutes les faveurs y pleuvent comme la manne tombant du ciel ; c'est un vrai pays de Cocagne : hier sans fortune, sans consistance, aujourd'hui on se trouve logé dans un palais somptueux ; une table splendide vient dilater votre sensualité, des équipages magnifiques remplacent la chétive voiture de remise ; des titres, des cordons viennent relever votre nom et décorer vos excellences. Bientôt vos antichambres affluent de courtisans qui vous accablent de leurs plates flagorneries. On a soin de recevoir affectueusement le grand seigneur dont on a besoin; un sourire de protection accueille le traitant ; quant au pauvre qui vient réclamer le prix du sang qu'il a versé pour son Roi, un regard dédaigneux lui apprendra qu'il ne doit rien espérer ; ou bien on n'a qu'à laisser cette tâche à ses premiers commis, ils s'en acquitteront à merveille.

Le tableau que vous nous faites de ce nouvel Olympe est bien séduisant, me dira-t-on ; mais le nombre des élus étant extrêmement borné, pour en faire partie, il est indispensable d'avoir rendu des services éminens à l'Etat, ou que de longues et pénibles études vous aient donné les connoissances requises pour en remplir les devoirs. Point du tout, le plus souvent il vous aura suffi d'un peu d'adresse, d'avoir été servi par des événemens auxquels vous n'aurez point contribué, d'avoir, par votre bonne mine, capté la bienveillance d'une femme en crédit. Il ne sera pas inutile que vous ayez en temps opportun, su coudre quelques phrases ensemble, et composé deux ou trois discours à effet. C'est fort bien ; mais une fois parvenu à ce poste, vous devez justifier que vous êtes digne de l'occuper, tant par votre droiture, par votre activité, que par la sagesse des plans que vous aurez conçus dans l'intérêt public. Là-dessus il convient de s'entendre. A la bonne heure, lorsque cet intérêt s'accordera avec le nôtre ; différemment, on peut à la rigueur s'en dispenser. La droiture, c'est une vertu bourgeoise, et vous devez éviter tout ce qui rappelleroit votre ancien état. Pour l'activité, c'est un luxe qui ne sied point à des ministres ; nous en connoissons un qui, à ce qu'on assure, passe la moitié de la journée à dormir, l'autre à faire des contes à dormir debout : il n'en est que plus apte à diriger les affaires de son département. Il y a en outre une infinité de moyens qu'on peut employer à volonté, par lesquels le ministère devient un lit de repos' où l'on peut sommeiller tout à son aise.

Avec la disposition d'un milliard de contribution et de cent mille places, il est facile de se composer un parti parmi les fourbes, les imbéciles et ceux qui, conformément à la maxime d'un fameux courtisan, se déclarent d'avance amis, même les parens de tous les ministres passés, présens et futurs.

Fort de cette honteuse phalange, on marche droit en colonnes serrées contre ces êtres récalcitrans qui ne savent point se plier au niveau des circonstances, ni transiger avec l'honneur : et, fussent-ils les plus fidèles serviteurs du Roi, on les destituera, on ordonnera à ses agens subalternes de faire jouer tous les ressorts qu'ils ont sous leurs mains, pour les empêcher de venir se mettre en position de nous adresser de rudes vérités ; on leur imposera silence en les frappant des mesures exceptionnelles qu'on avoit obtenues pour réprimer les séditieux. Après, arrive la troupe des plumistes soudoyés qui célèbrent vos victoires, donnent le coup de pied du lâche aux vaincus, et tâchent de persuader au vulgaire que tout se fait pour son bien, que les hommes les plus modestes et les plus désintéressés sont des ambitieux, et les écrivains qui ont constamment défendu la légitimité des révolutionnaires, que tel plan de finance est excellent, quoique tout le monde soit d'un avis contraire : qu'on a bien fait de chasser celui de ses collègues qui l'avoit désapprouvé au conseil, attendu qu'il a eu tort d'avoir raison ; on cherchera à ravaler ses talens, on lui supposera l'intention du projet que ses adversaires ont exécuté contre lui.

Le public se demandera peut-être comment un personnage qui, suivant l'expression d'un célèbre académicien, a, par ses écrits, gagné vingt batailles à la monarchie, a pu être traité avec une rudesse inouïe. La réponse est facile, c'est que ces vingt batailles n'avoient été utiles qu'aux Bourbons; que, pour son intérêt particulier, il eût mieux valu qu'il n'en gagnât qu'une seule, et qu'elle fût profitable au ministre tout puissant.

Par ce simple exposé qui ne manque pas de justesse, on voit que ce n'est pas la mer à boire que de remplir les premières places du gouvernement, qu'il n'est pas nécessaire d'avoir du génie, ni une illustre naissance pour y parvenir ; qu'une fois là, beaucoup de ruse et de l'argent distribué à propos suffisent pour s'y maintenir. Pourquoi donc ne ferions-nous pas tous nos efforts pour en tâter à notre tour ? Pourquoi le père de famille, au lieu d'élever ses enfans pour lui succéder dans sa profession, ne leur donnera-t-il pas une éducation qui leur fraie le chemin des grandeurs, au risque qu'ils s'y perdent, et d'en faire des brouillons? Voilà sans contredit la plus cruelle plaie que la révolution nous ait léguée, et que la restauration auroit dû se hâter de cicatriser.

Si le gouvernement autrichien, que je propose pour modèle à tous les peuples de la terre, a pu suivre pendant des siècles une ligne politique uniforme, franche, bien entendue, tellement favorable à la dynastie régnante, qu'elle a résisté à des désastres réitérés, où tant d'autres auroient succombé; si la nation est heureuse, attachée invinciblement à ses souverains, qu'elle soit demeurée spectatrice immobile des folies qui agitent ses voisins : à qui le doit-il ? A cette succession non interrompue de la suprême administration de l'Etat, dirigée par les grandes familles de l'Empire. Tout est naturel dans cet admirable ordre de choses! Des hommes qui par leur naissance occupent le premier degré de l'échelle sociale, tenant les rênes du gouvernement, ne heurtent aucun amour-propre; toutes les supériorités qui les suivent viennent se grouper autour d'eux, prennent place dans l'ordre hiérarchique, et se prêtent un mutuel appui. Les fortunes sont faites et bien affermies; le fonctionnaire n'ayant rien à redouter pour son avenir, ni pour celui de sa postérité, ne travaille qu'à lui laisser une réputation sans tache; ses pensées se tournent vers la gloire du trône, la prospérité de sa patrie et le bonheur de ses concitoyens; ceux-ci, à leur tour, vivent tranquilles, chérissent leur prince, et honorent les magistrats chargés de veiller sur leur sort. La stabilité qui règle cet ordre de choses, laisse cependant assez de latitude pour récompenser le mérite et les bons services; mais elle rend l'ambition moins active, partant, point dangereuse.

L'homme qui ne voit devant lui qu'un court espace à parcourir s'achemine à pas mesurés, sûr d'aller au terme de son voyage; ses facultés intellectuelles ne s'engourdiront point pour cela; né pour la gloire, il remplira d'autant mieux sa noble destinée, qu'il pourroit moins s'abandonner à ses passions désordonnées. Celui, au contraire, qui découvre un immense horizon, s'y précipite en aveugle; pour arriver, il fait violence à la nature de ses forces, il brusque, renverse tout sur son passage; tous les moyens lui semblent bons pour se faire jour; il pervertit les excellentes dispositions qu'il avoit reçues en partage, et après s'être beaucoup tourmenté, avoir fait le malheur de ceux qui l'entourent, il périt au milieu de sa carrière sans avoir approché le but qu'il s'étoit proposé d'atteindre, ni avoir connu un seul instant les douceurs de la vie.

Richelieu porta des coups funestes à la monarchie en détruisant la puissance des grands feudataires du royaume ; il creusa, sans le vouloir, l'abîme où elle a failli être engloutie.

Le secret pressentiment qu'ils avoient que tôt ou tard leurs prérogatives seroient envahies par le pouvoir royal, tenoit ces superbes sujets dans un état perpétuel de défiance, et les faisoit souvent recourir aux armes pour défendre leurs droits menacés. Ces guerres causoient, il est vrai, des tracasseries, des inquiétudes momentanées au trône, mais jamais des craintes pour son existence; car si on les voyoit se coaliser pour des intérêts communs, ils n'auroient pas manqué de se réunir pour accabler celui d'entre eux qui auroit voulu usurper l'autorité suprême.

Si Richelieu mit beaucoup d'audace et de fermeté dans l'exécution de son projet d'anéantissement de ces petites puissances, il manqua de prévoyance : le coup qui les frappoit sapoit en même temps les fondemens du trône : on ne peut abattre les bastions sans ébranler la citadelle. Le temps auroit opéré doucement ce qu'il obtint par la violence.

Son système d'affoiblir et d'éloigner des affaires les grands, n'a que trop prévalu; depuis lors, si nous en avons vu quelques uns appelés au conseil du monarque, ils s'y trouvoient sans autorité, ils sembloient n'être là que pour servir de boucliers aux intrigans qui leur étoient adjoints.

C'est un don bien précieux que celui du talent, et une naissance illustre ne le donne pas toujours; mais si Law, Turgot, Necker, qui en avoient infiniment, nous ont fait tant de mal, nous devons conclure qu'il faut autre chose que des chiffres et des mots pour gouverner un royaume.

Les sophistes profitèrent de cette tendance de la part du trône, à se lancer hors des limites qui lui servoient de boulevards pour l'isoler, l'attirer sur un terrain où ils en auroient bon marché. Avant 1789, il étoit permis de se tromper; mais aujourd'hui l'expérience subsiste, ses leçons sont tracées en caractères de sang. C'est à la légitimité qu'il appartient plus exclusivement de reconnoître toutes les légitimités; c'en est moralement une pour les hommes qui, par d'éminens services, anciens ou nouveaux, sont placés aux sommités de la hiérarchie sociale, d'être les agens immédiats du pouvoir souverain. Je suis persuadé que nous n'avons à espérer une tranquillité durable que lorsque nous serons revenus à ce principe conservateur.

Je parle ici suivant ma raison ; je ne prétends favoriser ni desservir aucun intérêt : à mon particulier, je n'attends rien de qui que ce soit. En politique, je ne m'attache aux hommes qu'autant que leurs opinions sont conformes aux miennes ; heureux ou malheureux, au comble de la faveur ou de la disgrâce, mes sentimens pour eux demeurent toujours les mêmes, parce que ma façon de voir est l'effet de la conviction. Avec ce caractère, je sais qu'on parvient à ne contenter personne et à rester pauvre; mon parti est pris là-dessus.

Comment travailleroient-ils fructueusement au bonheur de leur pays, des hommes qui arriveront au pouvoir pressés du besoin de se créer une existence, qui auront à satisfaire aux exigences de leur famille et de leur clientèle entièrement au dépourvu? Aujourd'hui ce seront les spirituels habitans des rives de la Garonne qui envahiront toutes les places, demain viendra le tour des Normands, plus tard, etc. etc.... On sent que cela ne peut avoir lieu qu'au détriment du mérite et d'une infinité de serviteurs du Roi, qui ont acquis des droits incontestables à sa munificence. Toutefois ceci est encore un moindre inconvénient. Des ministres pris dans les rangs inférieurs de la société, marchant tout à coup à la tête de ceux qui en occupent le premier, blessent leur amour-propre, et en refusant de prendre place après eux dans l'administration, la chose publique y perdra tout le bien qu'elle devoit attendre de leurs lumières et de leur bénigne influence. Les ministres, étant obligés de s'adjoindre des individus des classes, dans lesquelles ils étoient naguère confondus, souleveront une foule de prétentions, d'autant plus exagérées, qu'elles pourront plus facilement établir des points de rapprochement, et comme ils ne pourront en contenter qu'un très-petit nombre, le reste se déclarera contre eux dans un état permanent d'hostilité. Entourés de tant d'ennemis, qu'il faudra sans cesse comprimer, ils seront distraits des occupations du gouvernement, tous leurs actes porteront l'empreinte du dépit et de la négligence; la monarchie, nos libertés en butte aux traits des combattans, recevront dès atteintes si réitérées, qu'elles finiront par succomber.

Depuis environ un siècle, les écrivains et les légistes, étant les plus en possession de gouverner l'opinion, en ont étrangement abusé, pour faire prédominer la doctrine de l'aristocratie du talent; c'étoient des avocats qui plaidoient leur cause. On sait combien les écrits et les discours de ceux qui joignoient aux qualités précitées, celle de philosophe, ont contribué à faire éclater la révolution. Il étoit juste qu'en ayant été les ardens promoteurs, ils en eussent la direction; ce qui arriva à point nommé; mais tout n'étoit pas profit dans cette affaire : une partie des ouvriers qui avoient travaillé à la construction de cette infernale machine, ou qui s'étoient chargés de la conduire, furent écrasés par les monstrueux écarts de ses mouvemens; ceux qui ont été assez habiles pour les éviter, ont fondé de brillantes fortunes au milieu du désastre général.

Si, comme dit le proverbe, les morts ne parlent point, les acteurs et les victimes de ce drame sanglant, ne viennent pas non plus effrayer nos yeux des angoisses de leur supplice, tandis que ceux qui y survivent, les éblouissent du faste de leur grandeur; ce qui, avec la manière dont on laisse écrire l'histoire, n'est pas fait pour en dégoûter la génération qui s'élève. Peut-être eût il été politique de les inviter à aller en déployer l'étalage partout ailleurs que dans le palais de nos Rois; la morale n'y eût rien perdu, et l'exemple eût été salutaire.

Il n'entre assurément pas dans ma pensée qu'il faille exclure personne des fonctions publiques, particulièrement ceux qui se dévouent à l'étude des lois, et à la science, non moins aride, de l'économie politique; mais n'y a-t-il pas dans les emplois secondaires de quoi récompenser dignement leurs travaux? Il est présumable qu'ils suffiroient à leur ambition, s'ils voyoient au timon des affaires des hommes qu'ils ont l'habitude de considérer comme étant au-dessus d'eux, et qu'un système d'organisation eût à peu près fixé les bases de l'admission et de l'avancement; car le prix moral que nous attachons à une place, est tout juste en raison de la satisfaction que notre vanité éprouve par l'effet de la comparaison.

Il est évident que ceux qui proclament la suprématie de l'aristocratie du talent n'ont en vue que de faire écarter tout le monde pour arriver à leur but; une fois là, ils n'entendroient certainement pas de se ranger à leur tour, afin de laisser passer celui qui se présenteroit pour les supplanter, ses titres fussent-ils le plus légalement constatés.

On m'objectera sans doute que la Charte a déclaré tous les Français indistinctement admissibles aux emplois civils et militaires, et que, par le principe que j'établis, l'homme de génie seroit condamné à languir dans les subalternes, alors qu'il verroit les premiers occupés par des personnages d'un mérite très-médiocre. D'abord, la Charte ne dit pas que tous y parviendront également; ensuite, qui seroit juge du génie? Ne seroit-il pas à craindre que l'esprit de parti et de coterie ne s'en attribuât la juridiction? Ses décisions ne seroient-elles pas toujours empreintes du sceau d'une révoltante partialité? Aujourd'hui, ce qui constitue exclusivement le génie de l'homme d'Etat, c'est l'abondance des paroles qu'on peut à l'instant débiter sur toutes sortes de sujets. On est dispensé de frapper juste, nous tenons moins à la qualité qu'à la quantité. Si vous proposiez pour ministre le plus savant publiciste du siècle, on vous demanderoit aussitôt s'il improvise, et sur une réponse négative, on vous riroit au nez. C'est en vain que vous feriez observer que le don de la véritable éloquence peut fort bien se trouver réuni à la faculté de saisir avec précision l'ensemble des ressorts qui font mouvoir un Etat, et discerner avec sagacité l'époque à laquelle il convient de changer ou d'ajouter quelques pièces à la machine; mais qu'il n'en est pas moins distinct.

Si l'auteur du Contrat Social revenoit parmi nous, il nous feroit pitié, lui qui ne savoit pas improviser deux périodes de suite; nous n'en voudrions pas pour tailler la plume d'un chef de bureau. Montesquieu lui-même seroit un mince sire, s'il n'avoit pas l'esprit toujours prêt à rétorquer des argumens.

Au surplus, d'après l'ordre qui règle la marche de la politique européenne, le destin d'un empire ne dépend point d'un particulier. Ce qu'il faut par-dessus tout, dans les agens du pouvoir souverain, c'est le désintéressement, la franchise et une consistance sociale capable d'inspirer une confiance sans bornes aux administrés, ainsi qu'aux cabinets avec lesquels ils seront en rapport. Alors les talens ne manqueront jamais, vu qu'en offrant toutes les conditions désirables d'honneur et de stabilité, ceux qui en ont se feront une gloire de venir les leur consacrer. Tout ce que nous avons à redouter (et ce danger est imminent), ce seroit que la position fausse, précaire, où ils pourroient être, les mît dans la nécessité d'être avides, fourbes, intrigans, tour à tour corrompus et corrupteurs. L'homme n'est que l'aveugle instrument des circonstances; tel se voit souvent réduit à faire taire sa conscience, étant dans telle situation, que, placé dans une autre, il seroit un modèle de vertus.

DE LA POLITIQUE
EXTÉRIEURE

En général, les écrivains royalistes qui discutent sur les affaires d'Espagne ne les connoissent pas bien. Ils jugent des hommes et des institutions de ce pays, par les inductions qu'ils tirent de ce qu'ils voient autour d'eux. Je crois que les choses doivent être considérées par une face diamétralement opposée. Pour tout ce qui est en dehors des principes fondamentaux, on doit, suivant les temps et les lieux, faire diversement l'application des mêmes théories. Par exemple, je suis d'avis qu'en France le mouvement impulsif donné à l'instruction, au luxe, à l'industrie et aux arts, déborde la sphère de nos besoins et de nos ressources, conséquemment qu'il est susceptible de modification, tandis que l'Espagne est dépourvue à cet égard de notre superflu. L'habileté des gouvernemens consiste à connoître jusqu'où il faut aller, et là où il convient de s'arrêter.

Au moment que la révolte de l'île de Léon éclata, j'en prédis les résultats, et demandai que la France envoyât sur-le-champ des troupes pour la comprimer. (A cette époque, l'expédition ne nous auroit pas coûté au-dessus de 25 millions.) Je puisai ma science prophétique dans le principe immuable, qu'on ne réédifie point avec des élémens de destruction, que l'édifice social s'écroulera si vous renversez sans précaution les bases sur lesquelles il repose; ces bases sont la légitimité et les lois qui en émanent. Un roi peut se tromper, et ignorer long-temps les besoins de son peuple, c'est un malheur; mais le plus grand de tous, c'est de recourir à la voie de la rébellion, pour les lui faire connoître. Lorsque vous aurez déchaîné toutes les passions, appelez à votre secours la trahison de l'armée pour anéantir les lois qui vous régissent, quel moyen vous restera-t-il pour consolider celles que vous substituerez à leur place? Aucun, vu que celles-ci ne pourront jamais rassasier tous les intérêts que vous aurez mis en fermentation. Outre que des soldats révoltés sont de fort mauvais législateurs, leur constitution fût-elle excellente, je la repousserai encore, ne voulant point de leur bienfait, à cause que s'ils ont la faculté de me le donner aujourd'hui, ils auront aussi celle de me l'ôter demain.

Je reproduis cette pensée que j'ai insérée dans un écrit que je publiai en 1820, parce qu'elle est parfaitement juste. Elle est également dans un discours que M. Hyde de Neuville prononça à la Chambre des Députés en 1822. Persuadé que cet éloquent défenseur des bonnes doctrines ne connoissoit point ma brochure, je suis extrêmement flatté de m'être trouvé d'accord avec lui dans l'expression de mes sentimens.

Il seroit inutile de rappeler ici ce qui a eu lieu, l'univers en est instruit. Désormais l'autorité légitime, éclairée par l'expérience, devroit remédier aux malheurs passés, et prévenir ceux qui pourroient s'ensuivre ; en donnant des institutions plus en harmonie avec le siècle où nous vivons, elle enlèveroit tout prétexte aux déclamations des factieux. Changer des lois tombées en désuétude, en promulguer qui garantissent la liberté individuelle, la propriété, et tracent les devoirs de tous les citoyens, ce n'est pas se révolutionner.

On croit que les conseils des souverains qui

composent la Sainte-Alliance ne sont pas d'accord sur le mode de gouvernement qui conviendroit à l'Espagne ; c'est un très-grand inconvénient ; mais si le nôtre jouissoit parmi eux de la prépondérance qu'il devroit avoir, je ne doute nullement qu'en considération de notre voisinage et des liens du sang qui unissent les deux familles royales, ils ne lui abandonnassent le soin de régler cette affaire.

Conseillé par notre diplomatie, appuyé par nos baïonnettes, le ministère espagnol n'auroit plus besoin que de volonté ; la force ne lui manqueroit pas : au sortir d'une révolution qui a divisé les esprits en une infinité de fractions, aucune d'elles ne présenteroit un corps de résistance capable de l'arrêter dans l'exécution du plan qu'il lui plairoit de se tracer. Mais qu'il ne se fasse pas illusion ; il lui est impossible de revenir vers le passé ; il faut qu'il se fraye une nouvelle route.

Le parti qui désire des changemens, tous sujets irrévocablement dévoués à la religion et au Roi, pour les autres, ils sont exclus de mes raisonnemens, ce sont des réprouvés qui ne rentreront au giron de la société que quand ils auront sincèrement abjuré leurs erreurs ; ce parti, dis-je, se compose des deux tiers de la noblesse, de quelques membres du clergé, et de tout, à peu d'exceptions près, ce qui fait partie des classes intermédiaires de la nation. Celui qui tient à l'ancien système, on peut le former avec la fraction restante de la noblesse, leurs valets, les moines et la populace. Quant au clergé, il est probable que l'état où la révolution avoit réduit le nôtre, où peut-être l'obsession des moines, qui sont très-puissans, est cause qu'ils refusent d'adopter les nouvelles idées. Ils devroient pourtant apercevoir la différence qu'il y a entre un Roi qui améliore et des factieux qui détruisent.

Dans ces changemens, qui sont devenus indispensables, il n'y auroit, ce me semble, que le sot orgueil des moines et la vile cupidité de quelques individus qui y perdroient, tout le reste de la nation y gagneroit beaucoup, principalement le Roi et les grands de l'Etat, par l'accroissement de la population qui s'ensuivroit, par l'essor qu'elle prendroit vers le commerce, l'industrie et l'agriculture; l'or qui demeure enfoui, sortiroit, les caisses du Trésor royal se rempliroient, les revenus des nobles et du clergé quadruploroient. Où trouveront-ils des compensations à d'aussi énormes avantages? Est-ce dans cette obéissance passive et stupide qu'inspire la crainte d'un châtiment prompt et invisible? Je ne le pense pas; car lorsque vous aurez réduit vos compatriotes à la condition de bêtes à figures humaines, la gloire de votre empire égalera celle du pâtre.

Si les distinctions que je viens d'établir sont exactes, il n'y a plus à discuter sur la nécessité des améliorations réclamées; il y auroit de la mauvaise foi à vouloir opposer les caprices populaires aux vœux raisonnés de la partie éclairée de la nation; ce seroit oublier à l'égard de l'Espagne, cette belle maxime qui est de tous les temps et de tous les lieux, qu'il faut tout faire pour le peuple, et rien par lui. Somme toute, en politique, quand il n'est pas possible d'obtenir ce qu'on veut, il faut prendre ce qu'on peut.

Le séjour des armées étrangères a semé dans ce pays des germes de civilisation qui féconderont tôt ou tard; au fur et à mesure que les lumières se propageront, le parti de la raison se renforcera des pertes de l'autre; insensiblement on finira par où il falloit commencer, et on achètera bien cher ce qu'on auroit eu à bon marché. Que le gouvernement se hâte de relever la nation de l'état d'inertie où elle végète; qu'il diminue, par le moyen des extinctions, les trois quarts de couvens monacals, et vendent successivement leurs biens, à très-bas prix, à des cultivateurs qui les feront valoir|: on travaille plus volontiers sa propriété que celle d'un autre. De cette manière, sans sortir de ses ports, l'Espagne aura retrouvé le Pérou.

D'après les embarras sans nombre où elle s'est trouvée depuis dix ans, je n'ai jamais pu comprendre l'obstination qu'elle met à vouloir conserver ses possessions d'outre-mer; elle auroit dû sentir qu'elles lui sont échappées sans retour : elle achève d'épuiser ses ressources en hommes et en argent, néglige de cultiver les richesses de son territoire, pour courir après des chimères. Pour juger du cas qu'elle doit en faire, elle n'a qu'à jeter les yeux sur ce qu'elle étoit avant d'en avoir fait la conquête, et ce qu'elle est devenue depuis.

Les Espagnols étoient aussi belliqueux et avancés dans la civilisation qu'aucun autre peuple de la terre; ils comptoient (je ne garantis pas la rigoureuse exactitude de ces calculs) dix millions d'habitans, la France en avoit alors dix-huit et l'Angleterre huit ; aujourd'hui elle n'en a plus que neuf, tandis que la seconde en a trente, et la troisième seize; cette marche rétrograde continue avec plus de rapidité que jamais. Partout, dans ce pays de misère, on trouve des ruines, partout on voit des villes, des maisons tomber de vétusté, nulle part on ne réédifie; l'œil du voyageur en est attristé, et son cœur se resserre en contemplant ce tableau de désolation.

Pourquoi la France, en sa qualité d'amie, d'alliée et de partie intéressée, n'use-t-elle pas de son ascendant pour l'amener à traiter avec les Américains, afin d'en obtenir les meilleures conditions possibles, pour elle et pour nous? Le commerce du Nouveau Monde viendroit tirer nos villes maritimes de la situation précaire où elles languissent. Pourquoi? parce que nos hommes d'Etat ont des occupations bien autrement utiles qui réclament leur attention: il faut qu'ils intriguent, dirigent l'agiotage de la bourse, s'enquièrent de ce que disent les journaux, dictent la leçon aux uns, épluchent les phrases des autres, humilient les royalistes, recherchent avec un soin vraiment digne d'éloges jusqu'à quel point ils ont parlé et agi pour ou contre eux, et puis ils combinent savamment le moyen de les destituer.

Je vois avec peine que les amis de l'Espagne

la poussent à tenter de reconquérir les colonies qu'elle a perdues; ils croient que les divisions intestines, dont elles sont travaillées, leur en faciliteront la réussite ; ils ne réfléchissent point que ces altercations cesseroient dès qu'il s'agiroit de combattre leurs ennemis communs. Il vaut mieux lui conseiller d'en profiter pour tâcher de leur faire agréer un Prince de la race des Bourbons pour les gouverner, ou enfin de se décider à reconnoître leur indépendance, moyennant quelques concessions de leur part. Sa légitimité sur le Nouveau Monde est incontestable vis-à-vis de tous les monarques du monde. Mais les Américains ne seroient-ils pas fondés à lui adresser l'allocution suivante : Jadis vous vous emparâtes de notre pays par le seul droit de l'ascendant de vos armes sur les nôtres; à force de nous battre, vous nous avez appris à vaincre; la science d'exterminer lestement son prochain nous est devenue familière, nous sommes aussi les plus nombreux : en vertu de ce, nous vous sommons, au nom de la justice et de la force dont nous ferons usage si la première n'est pas écoutée, de retourner chez vous, et nous laisser la peine de nous arranger comme nous l'entendrons?

J'en dirai autant relativement à la légitimité du Grand-Sultan sur la Grèce, qu'on ne pourroit décliner sans violer les droits de souveraineté consacrés par le temps et par une suite non interrompue de traités solennellement avoués. Si l'on recherchoit l'origine de tous les empires, on acquerroit la certitude qu'il n'en est pas un seul qui ne doive sa fondation ou son agrandissement aux conquêtes: dans quelle confusion nous replongerions-nous, si, toutes les fois qu'une province ou un petit Etat, jadis libre et présentement aggloméré dans un grand, se révoltoit pour reconquérir l'indépendance dont il auroit joui, les puissances qui l'avoisinent étoient obligées de voler à son secours, afin de l'aider à consommer son coupable attentat, ou le soustraire au châtiment qu'il s'est attiré?

Les Grecs énervés par les arts, avilis par la corruption, furent subjugués par des hordes de Tartares qui étoient venues s'établir dans l'Orient. Après avoir gémi plus de trois siècles dans l'oppression, ils se relèvent spontanément pour secouer le joug; ce qui, soit dit en passant, n'annonce pas que leurs fers fussent rivés de bien près, ainsi que les richesses qu'ils possèdent, et qui les mettent à même de soutenir la guerre, ne prouvent nullement que les Turcs pussent disposer arbitrairement de leur fortune, surtout qu'ils le fissent. Enfin les Grecs veulent s'affranchir de la domination de leurs vainqueurs ; leur cause est juste, leur résolution noble, généreuse. Je désire vivement leur bonheur, et je ferois des vœux pour qu'ils triomphassent, si je n'étois persuadé que la prolongation de la guerre ne peut qu'aggraver leurs maux. Quoi qu'il en soit, je pense que l'Europe ne doit se mêler de cette querelle que pour interposer sa médiation ; tels sont les principes auxquels il n'est pas permis de déroger, sous peine de tout confondre, et de nous jeter dans des bouleversemens interminables ; mais, si la politique doit rester inflexible, l'humanité a ses droits, plusieurs millions d'individus, descendans d'un peuple à qui les arts et la civilisation doivent leur naissance, sont dignes de tout notre intérêt. Nous leur devons une intervention prompte, efficace, afin de leur obtenir des traités qui préservent, pour l'avenir, leurs personnes et leurs propriétés de la tyrannie musulmane.

Si c'est là leurs souhaits, qu'ils s'expliquent catégoriquement. Pour ma part, j'avoue que je n'ai rien vu de semblable dans leurs actions, ni dans les manifestes qu'ils ont publiés. Ils veulent, à ce qu'il paroît, se former en corps de nation indépendante ; mais ont-ils bien réfléchi à la foiblesse de leurs moyens? Elle est telle qu'elle ne leur laisse aucune chance de succès, au moins durable.

Par sa position géographique, la Grèce ne ne pourroit pas se constituer en un seul royaume ; elle devroit se diviser en plusieurs petites républiques confédérées, mais dont l'union ne seroit pas longue.

Les Grecs, qui habitent le continent, sont très-pauvres, ignorans et apathiques ; ceux au contraire, qui peuplent les rivages de la mer et les îles de l'Archipel, sont instruits, actifs et riches. Cette différence, en produisant des mœurs et des habitudes opposées, change réciproquement les intérêts. Ainsi, la Grèce organisée en divers petits Etats, tandis que les uns continueroient à faire le commerce, que les autres retomberoient dans leur apathie ordinaire, ou, si l'on veut, qu'ils se livreroient à l'agriculture, verroit continuellement ses ennemis fondre sur elle avec toute la supériorité que leur donnent le courage, le fanatisme religieux, le mépris de la mort, la constance dans les revers, la férocité et son penchant à la destruction.

Si parmi les personnes qui traitent les questions de haute politique, il en est beaucoup qui croient que les Grecs sont capables de conquérir leur indépendance, je doute qu'il y en ait une qui soit d'avis qu'ils pourroient la conserver. Sans cesse attaqués, battus, leurs pays ravagés, leurs flottes incendiées, leur commerce détruit par la piraterie des Musulmans, appelleroient-ils les Russes et les Autrichiens à leur secours? Ils n'en seroient que plus tôt ruinés, et leur double joug deviendroit tout-à-fait insupportable.

Des publicistes qui semblent s'intéresser au sort de l'antique patrie de Thémistocle et de Démosthène, provoquent à grands cris une croisade contre les sectateurs de Mahomet : les moins exaltés se contentent de solliciter leur expulsion en Asie. Les expulser en Asie! pourquoi? Pourquoi cette fureur contre un gouvernement dont la loyauté à remplir ses engagemens ne s'est jamais démentie? Est-ce parce que le sultan n'est pas chrétien, et qu'une partie de ses sujets ont méconnu son autorité?

Certes, voilà des raisons bien péremptoires de la part de gens qui prêchent la tolérance, ou invoquent les principes sacrés de la légitimité! La justice a-t-elle deux poids et deux mesures? En vérité je m'y perds.

Au demeurant la chose ne seroit pas trop difficile : mais, pour les y contenir, c'est différent! Admettons néanmoins qu'il fût possible, à quel prix y parviendroit-on? Les puissances européennes devroient entretenir constamment au moins deux cent mille hommes sur les frontières de l'Asie, car leur intention ne seroit pas d'y élever, à l'imitation des Chinois, une grande muraille. Les attaques sans relâche que ces troupes auroient à repousser, et les maladies pestilentielles du pays, en dévoreroient la moitié tous les ans; de sorte que je ne vois pas trop ce que l'Europe auroit gagné à cette expédition. Quant aux Grecs, l'entretien de l'armée d'occupation, et les vexations qu'elle leur feroit subir, les mettroient bientôt dans le cas de se repentir de n'être pas demeurés simplement tributaires de la Porte. Ce n'est pas tout encore : si des guerres continentales venoient à rompre l'union des souverains, qu'ils retirassent inopinément leurs soldats, que deviendroit ce malheureux pays inondé des hordes asiatiques, avides de carnage et de vengeance ?

Loin que la Sainte-Alliance doive songer à exécuter un semblable projet, qu'elle tâche de ne point se dessaisir des garanties qu'elle a contre les entreprises de ce peuple dangereux, elle les trouve dans le côté vulnérable que la Turquie nous présente dans ses possessions en Europe. Il a suffi d'une escadre anglaise pour amener les gouvernemens de Constantinople, de Tunis et d'Alger, à faire les compositions qu'on a exigées. Ayez l'imprudence d'anéantir ces trois villes, ou de les envahir pour vous y établir, vous calculerez ensuite ce qui vous en coûtera.

Depuis le règne glorieux de Catherine II, on prête à la cour de Russie le désir de s'emparer des provinces européennes de l'empire ottoman; si jamais un czar étoit assez mal avisé que de le réaliser, son trésor pourroit momentanément s'en augmenter; mais sa puissance diminueroit considérablement. Retranché derrière ses déserts et ses glaces, il peut parler bien haut dans le conseil des rois, il seroit obligé de baisser le ton quand il auroit à défendre les rivages de la mer Blanche et l'entrée du Bosphore contre la marine anglaise et française, nonobstant qu'il devroit toujours guerroyer pour contenir les peuplades qu'il auroit refoulées en Asie. Je ne compte point les nombreux embarras qui lui surviendroient du nord de son empire.

Le point sur lequel notre diplomatie est le plus en défaut, c'est celui qui est relatif aux affaires de Saint-Domingue. J'ignore dans quel code de législation on a puisé cette jurisprudence que des esclaves africains achetés et transportés dans nos colonies pour cultiver les propriétés d'hommes libres, peuvent en devenir détenteurs légitimes, par le seul fait d'en avoir égorgé les maîtres.

<blockquote>Ah! doit-on hériter de ceux qu'on assassine[1]?</blockquote>

On reconnoît bien le vertige du temps où nous vivons dans cette opinion assez généralement répandue, que le gouvernement des fils de saint Louis, d'Henri IV et de Louis XIV, doive traiter avec des esclaves révoltés, encore tous couverts des dépouilles et du sang de leurs sujets. Quand le ministère devroit leur enjoindre de venir se jeter aux pieds de leur maître, le Roi de France, afin d'implorer sa

---

[1] Crébillon.

clémence, et solliciter la grâce insigne d'être admis au rang de son heureuse famille, il est affligeant de le voir accueillir leur envoyé, pour traiter avec lui de puissance à puissance. Ce qui ne l'est pas moins, c'est d'entendre des écrivains bien intentionnés appeler de leurs vœux la consommation d'un acte qui nous priveroit de la plus importante de nos colonies, en même temps qu'il sanctionneroit le meurtre et la spoliation. J'aime à croire qu'ils ne sont guidés que par le désir d'apporter quelques soulagemens au sort des Français dépossédés ; mais qu'ils se persuadent que les meneurs d'Haïti ne seroient jamais en état d'acquitter l'indemnité supposée : aussi il est probable que l'envoyé a lui-même rompu les négociations aussitôt qu'il a pu comprendre qu'on exigeoit des garanties solides.

Qu'on laisse aux trafiquans cosmopolites, qui, contens d'avoir bien vendu leurs eaux-de-vie à Port-au-Prince, et fait des bénéfices sur le sucre qu'ils en ont rapporté, viennent nous vanter les qualités personnelles du chef des Nègres ; c'est leur affaire, l'intérêt du moment est le seul qui les occupe ; mais les hommes qui consacrent leurs veilles à réfléchir sur les intérêts généraux, élèvent leurs pensées au-dessus des considérations mercantiles et d'individualité. Que Boyer ait du courage, de l'esprit, qu'il mette de la régularité, de la modération dans son gouvernement, cela peut lui donner droit à notre estime, et non point à l'empire de la colonie. Au surplus, le mérite n'est pas grand, ses devanciers en usurpation leur avoient tracé cette conduite ; elle leur étoit suggérée par l'instinct de leur propre conservation. Ayant tout gagné par le désordre, sa continuation ne pourroit que leur devenir funeste ; il faut donc qu'ils l'arrêtent, qu'ils commandent et affichent des sentimens qui leur assurent la soumission du peuple.

Plusieurs écrits ont déjà prouvé combien la conquête de Saint-Domingue nous seroit facile ; la justice et l'honneur nous font devoir de l'entreprendre. Quelle raison de droit peut-on revendiquer en faveur des Nègres sur la propriété de cette île ? A l'égard des particuliers ; admettre que les terres appartiennent aux détenteurs parce qu'ils profitèrent de la révolte pour tuer leurs maîtres et s'emparer de leurs biens, ce seroit décider que l'assassin de grand chemin possède légitimement les dépouilles de sa victime ; pour ce qui est du gouvernement, il n'y a à leur opposer que les principes qui sont proclamés par la Sainte-Alliance, et que les Bourbons ont justement invoqués pour remonter au trône de leur ancêtres.

Tout ce qu'on peut alléguer de tolérable pour justifier les Haïtiens se réduit à ceci : ils furent vendus par des hommes qui en avoient le droit suivant les us et coutumes de leur pays; les lois françaises en autorisoient l'achat, la chose est incontestable ; mais transplantés parmi les Européens, un nouveau jour les a éclairés, ils ont connu les douceurs de la liberté, et ont saisi l'occasion qui s'est offerte pour se la procurer : maintenant il y auroit de la cruauté à vouloir les replonger dans leur premier état. Hé bien ! soit, qu'ils restent libres ! leurs anciens maîtres renoncent à leurs propriétés humaines ; mais aucune loi n'a pû les priver des autres, ni les conférer aux Nègres. Désormais, ceux-ci auront la faculté de se livrer à la profession qui leur conviendra, de régler de gré à gré le prix de leur travail, de disposer du fruit de leur économie, ou de s'en aller partout où bon leur semblera. Eh ! qu'auroient-ils à prétendre de plus ? Existe-t-il une meilleure législation pour nous ?

Cette négromanie, dont quelques nations sont tourmentées, n'est pas une des moindres bizarreries du siècle; on va chercher bien loin des sujets pour exercer sa verbeuse philantropie, et l'on reste insensible sur les malheurs qui nous environnent. Entendez cet Anglais déclamer virulemment contre la traite des Nègres; ce prédicant de la tolérance et amant passionné de la liberté, rentrera chez lui le soir, et sur le plus futile prétexte il rouera son domestique de coups de bâton; le lendemain, il se lève, s'en va droit au marché, s'approche d'une femme que son mari tient liée par une corde ajustée à son cou, la marchande et l'achète; de là, il se rend au parlement, où il vote pour l'ilotisme politique d'une partie de ses compatriotes, vu qu'ils professent un dogme religieux différent du sien, et duquel il a plu à un roi d'Angleterre de se séparer.

En France, nous avons presque toutes ces vertus civiques, et nous ne sommes pas en arrière pour les autres: celles dont nous nous montrons le plus jaloux, et qui forment notre thème favori, sont la morale, la franchise, l'incorruptibilité, la fidélité dans les sermens. Qu'on n'aille pas croire que nous nous en tenions aux préceptes, nous prêchons d'exemples; et comme ils ne sont véritablement utiles que lorsqu'ils viennent d'une sphère élevée, on peut hardiment porter ses regards au-dessus de soi : on sera édifié de voir la manière dont on les pratique.

A la vérité, on sera peut-être scandalisé de rencontrer beaucoup d'infortunés qui ont tout sacrifié pour les Bourbons, solliciter en vain auprès des égoïstes agens de leur autorité, le moyen de gagner du pain; trop heureux quand la pitié, les arrachant à la cruelle alternative de croupir dans la misère où d'abréger leurs jours, leur ouvre un asile dans les lieux destinés à recueillir la mendicité ou la vieillesse infirme. Mais ce ne sont là que des **Français**, et des Français qui, par leur éducation, par l'aisance qu'ils ont eue autrefois, sentent toute l'horreur et l'humiliation de leur sort. Chaque injustice de la part des ministres, chaque impertinence de leurs commis est un coup de poignard qui leur va droit au cœur.

Tous les hommes courent après le bonheur, peu l'atteignent; nul ne sauroit le définir ni préciser où il réside, nonobstant qu'on puisse le rencontrer partout. Cependant Rousseau prétendoit qu'il n'y auroit qu'un fou qui pourroit se trouver heureux en prison ; sa remarque est exacte : on ne sauroit être heureux en prison, pas plus qu'à l'hôpital ou dans un dépôt de mendicité.

On s'accorde communément à le faire consister dans la jouissance des richesses et des honneurs ; mais les deux cas sont encore soumis à des conditions, celle de la santé du corps et d'une disposition d'esprit qui nous tienne toujours contens du partage que le sort nous a fait : désireux d'acquérir ce qui nous manque, et non dévorés du besoin de l'avoir.

Un individu peut décider s'il a réellement en lui-même les élémens qui constituent le bonheur ; mais il ne sauroit généraliser son jugement à ce sujet, attendu qu'il lui est impossible de connoître les idées et les sensations d'autrui, lesquelles sont le résultat de notre organisation, de l'éducation que nous avons reçue, de la position sociale où nous étions en venant au monde, et de celle où nous sommes présentement. Vouloir tout envisager sous le même point de vue, classer le genre humain dans le cercle étroit de notre horizon, ce seroit une absurdité ; et partir d'une absurdité pour argumenter, on n'arriveroit qu'à des conclusions extravagantes.

Tel meurt de chagrin de ce qu'il n'a pas encore le bâton de maréchal ; tel autre est au comble du bonheur d'avoir obtenu les galons de sergent, grade qu'il sait être le terme de sa carrière militaire. Un habitant d'Albion se tireroit un pistolet dans la gorge s'il lui falloit vivre sous des lois qui font la félicité d'un Russe ; un manœuvre, après avoir passé la journée à des travaux pénibles, est heureux d'avoir une soupe et un pot de bière pour son repas, alors que, tel financier se désespère de n'avoir que cinquante mille francs par an à dépenser.

Considérons maintenant des Sauvages d'Afrique courbés sous la verge sanglante d'un despote stupide et féroce, ne différant de la brute que par les formes, et vivant dans un état permanent de guerre. Etrangers aux lois du droit des gens, les vainqueurs n'accordent la vie à leurs prisonniers que dans l'espoir d'en trafiquer : ils les enferment sous terre comme des bêtes fauves, et ne les en retirent que pour les faire passer à bord des vaisseaux venus exprès pour ce commerce. Il va sans dire qu'ils ne doivent pas être bien nourris, ni logés commodément pendant la traversée ; mais l'intérêt du spéculateur lui commande de ne pas les laisser mourir. Arrivés à leur destination, ils sont livrés à des Européens, et moyennant un travail journalier qui n'excède pas leurs forces, ils sont abrités et reçoivent régulièrement une nourriture suffisante. Jadis errans, continuellement exposés au caprice d'un tyran farouche et à la fureur du plus fort, désormais ils vivent dans une espèce de sociabilité ; le foible est placé sous la sauvegarde d'un maître qui le protège. On pourroit certainement me citer des cas où ils en auroient été maltraités, où la sévérité du châtiment qu'on leur auroit infligé étoit disproportionnée à la gravité de la faute ; mais en cela on ne prouveroit rien dont je ne sois déjà convaincu, que l'homme est sujet à se tromper, que ne sachant pas toujours apprécier au juste les faits soumis à son intelligence, ses jugemens se ressentent de son imperfection. Devroit-on inférer que nous sommes des barbares parce que nos tribunaux ont quelquefois condamné des innocens ? Il n'est pas à supposer que des hommes nés au milieu d'un peuple doux et humain, qui ont de l'éducation, puissent sans motif martyriser des malheureux qui sont entièrement à leur discrétion, et qui sont si au-dessous d'eux sous tous les rapports, qu'ils ne sauroient leur inspirer des sentimens de jalousie et de haine; ce n'est jamais par plaisir que nous faisons du mal à notre prochain, nos passions seules nous y portent. Il est donc plus naturel de croire qu'ils en prenoient soin et les encourageoient à bien faire en leur montrant la perspective de leur affranchissement.

Dans cette hypothèse, en quoi le sort de nos journaliers campagnards est-il plus heureux que celui des Nègres? Combien y en a-t-il en France qui travaillent pendant la belle saison comme des forcenés, et l'hiver n'ont pas de quoi alimenter leur famille? Avant la révolution, je sais que dans mon pays un très-grand nombre ne subsistoit que des aumônes qu'il recevoit des églises et des maisons nobles aisées. Du moins ils sont libres, me dira-t-on; sans déterminer le degré de liberté dont les pauvres jouissent, je dirai que ce bienfait n'en est pas un pour le Nègre qui n'en connoît pas la valeur.

Analysons les propositions que je viens d'avancer pour en faire ressortir une conclusion raisonnable. Que l'on compare l'état de privation, d'isolement et d'oppression dans lequel étoient primitivement ces Nègres, avec celui où ils vivoient réunis en société, protégés dans leurs personnes contre les insultés de leurs semblables, ayant une existence assurée pour eux et leurs enfans, ne voyant au monde que l'horizon qui les environne, ignorant s'il y a d'autres conditions, d'autre félicité que la leur, n'apercevant leurs maîtres qu'à travers un prisme qui ne leur permet point de faire des comparaisons. Croit-on que dans cette situation physique et morale, ils dussent s'estimer heureux? Oui sans doute, je n'hésite point à l'affirmer. Or, si la pluralité est de mon avis, ils possédoient, comme l'on dit vulgairement, la pierre philosophale; les déclamations des sophistes n'auroient servi qu'à faire naître chez eux des idées vagues d'indépendance qui ont troublé leur repos, et à rallumer dans leur sang africain le feu de la haine et de la férocité. Ce seroit donc vous, imprudens novateurs, qui les auriez changés en tigres furieux, et leur auriez livré les Français qu'ils ont dévorés; c'est sur vous que doit retomber le fléau de cette guerre d'extermination où le sang humain a inondé Saint-Domingue. On parle d'humanité en excitant la soif du carnage; on ose vanter l'orgueil national tout en provoquant le démembrement de la monarchie. Que l'on ne s'y trompe pas, la reconnoissance de l'émancipation d'Haïti entraînera la perte des colonies qui nous restent, le massacre de nos compatriotes recommencera, le drapeau des lis fléchira de nouveau devant les bannières de la rébellion. Braves soldats français, retirez-vous encore, faites place à des Sauvages transportés d'Afrique pour vous servir en esclaves. Que dis-je ! pour peu que la sédition soit bien organisée, que le nombre vous accable, nos illustres généraux qui ont triomphé dans cent combats, se verront contraints de signer des traités honteux; afin d'épargner la vie de leurs compagnons d'armes, ils baiseront, au nom du Roi de France, des mains stigmatisées du fer de l'esclavage. Ah! le cœur se soulève à l'idée d'une telle ignominie !

Ayant examiné la question sous le rapport du droit, de la justice et de l'honneur national, il me reste à dire deux mots sur ce qui touche nos intérêts.

J'ai conseillé à l'Espagne de faire le sacrifice de ses colonies, elle le doit; dans quelques années, elle aura la conviction que j'étois bien inspiré. Neuf millions d'habitans répandus sur un territoire qui en nourrissoit trente, récoltant presque toutes les productions qui viennent dans les quatre parties du monde, lui offrent une marche continue vers toutes sortes de prospérités pendant plusieurs siècles, et les dispensent d'aller chercher ailleurs des trésors qu'ils foulent sous leurs pieds.

En France, nous sommes dans une conjoncture totalement opposée; de nombreuses et vastes colonies nous sont nécessaires; celle de Saint-Domingue pourroit former une vice-royauté de douze à quinze cent mille âmes; elle n'en compte aujourd'hui guère plus de deux : elle serviroit d'écoulement à notre trop plein en population, ou à celui qui va s'ensuivre par l'état de paix qui nous est assuré pour long-temps. Son sol étant susceptible de divers genres d'exploitations, seroit un appât qui attireroit de ce côté les ambitions turbulentes dont nous sommes obsédés, ce qui donneroit au gouvernement le loisir de consolider nos institutions, de guérir le mal intérieur qui nous mine, et dont les symptômes ne tarderont pas à frapper tous les yeux. Lorsqu'un corps porte en lui des germes immédiats de destruction, il faut les extirper; sinon toute la science et la bonne volonté du médecin n'aboutissent qu'à retarder l'instant fatal.

Les avantages dont je viens de tracer l'esquisse fourniroient matière à de plus amples développemens : il n'entre pas dans mon plan de m'y livrer ; la sagacité des hommes d'Etat suppléera à mon laconisme.

Je n'ai été guidé par aucun sentiment d'animosité envers les Nègres dans l'énergique énonciation de mon jugement sur ce qui les concerne ; que leurs chefs viennent se prosterner aux pieds de Charles X, et s'en réfèrent à la magnanimité de sa belle âme ; nous serons les premiers à intercéder afin qu'ils obtiennent pour leurs compatriotes les concessions que le temps a rendues indispensables, et pour eux, les faveurs auxquelles leur mérite et leurs services peuvent leur donner droit. Que trouveroient-ils d'humiliant à cela ? Nous, Français, n'avons-nous pas agi ainsi lorsque Louis XVIII revint au milieu de nous ? car la prétendue constitution que le sénat lui proposa de reconnoître fut l'ouvrage de ce corps ; la nation la désavoua ; elle s'en remit à la générosité du Monarque, et n'a pas eu lieu de s'en repentir.

Comme royaliste, je n'oublierai jamais ce que nous devons à l'Angleterre pour sa persévérante coopération au retour de nos Rois sur le trône de leurs pères; mais elle auroit dû compléter cette belle action en restituant intégralement toutes les conquêtes qu'elle avoit faites durant les guerres passées; cette preuve de modération lui eût mérité l'admiration du monde entier; elle auroit ôté à ses ennemis le prétexte de la calomnier en prétendant qu'elle n'a travaillé aussi activement à renverser Buonaparte que par la crainte qu'il lui inspiroit.

L'occupation des îles Ioniennes et de Malte est une insulte faite aux puissances dont les eaux de la Méditerranée baignent les rivages; la France, étant la plus considérable d'entre elles, en ressent doublement l'affront. Sa politique doit s'efforcer à ramener le cabinet de Saint-James à remettre ces îles dans l'état où elles se trouvoient avant notre révolution.

La fidélité des chevaliers de Malte à défendre les principes pour lesquels l'Europe a généreusement combattu, arma la république française contre eux. La lutte étoit trop inégale : ils succombèrent, et perdirent leur souveraineté patrimoniale. Plus tard, les Anglais profitèrent des événemens favorables pour s'en emparer à leur tour et la garder. De particulier à particulier, on appelleroit cela un voleur qui en vole un autre ; à l'égard des gouvernemens la chose est la même, mais le nom change.

Il est à croire que si les chevaliers s'étoient liés avec la France, Malte n'auroit pas été envahie, et les opérations de l'amiral Nelson eussent rencontré des obstacles qu'il est difficile d'apprécier jusqu'à quel point ils auroient pu nuire à leur succès. Quoi qu'il en soit, les services qu'ils avoient constamment rendus à la chrétienté plaidoient assez en leur faveur. On ne peut justifier cette spoliation que par le pouvoir de la commettre impunément. La force procure la possession, mais ne transmet pas le droit : craignez qu'en vous en servant aujourd'hui pour opprimer, que vous n'appreniez à en faire usage ultérieurement pour vous exterminer.

Les gouvernemens devroient toujours être justes ; il est si rare que leurs véritables intérêts les obligent à faire fléchir la justice devant cette affreuse maxime de raison d'Etat, de nécessité politique, qu'il faudroit la rayer du code diplomatique.

La prospérité des Anglais est intimement liée à celle du continent européen ; s'ils venoient à perdre le haut commerce, ce seroit l'Amérique qui en hériteroit : quoique dans nos transactions commerciales la balance soit de leur côté, la consommation qu'ils font de nos denrées, de nos objets de luxe, et l'argent qu'ils répandent dans leurs fréquens voyages, rétablissent parfaitement l'équilibre. Tranquilles sur les dispositions bienveillantes de l'Europe, ils devroient faire disparoître tous sujets de mésintelligence : ils se sont placés dans une situation qui les mettra souvent en contradiction avec elle ; et s'ils venoient à se trouver embarrassés, au lieu de voler à leur secours, elle chercheroit peut-être à les affoiblir et à les contraindre à des restitutions. Je suis étonné qu'étant si habiles à saisir les intérêts du moment, ils négligent si fort l'avenir ; comment n'ont-ils point senti de quelle importance étoit pour eux que Saint-Domingue et l'Amérique rentrassent sous les lois de leur métropole? Il étoit même de leur politique de l'aider à les soumettre ; d'abord, afin que ce mode d'affranchissement, obtenu par la révolte, ne soit pas contagieux pour leurs colonies et pour l'Inde ; ensuite, dans les vues d'empêcher l'accroissement de force que les Etats-Unis vont recevoir de tous ces empires naissans, qui, en cas de guerre, deviendront ses auxiliaires naturels. Il étoit généralement de l'intérêt de l'Europe que l'Amérique restât sous sa dépendance ; ou bien lorsque, par l'ordre de la marche que Dieu a tracée à l'univers, l'heure de son émancipation seroit venue, de lier étroitement son destin au sien, en lui donnant pour la gouverner des princes de ses maisons régnantes : les liens du sang, incessamment renouvelés par des alliances, en cimentant leur union, auroient neutralisé la puissance du colosse qui se forme dans cette partie du globe. L'Angleterre sera la première à s'apercevoir combien il lui eût été utile de pouvoir, au besoin, opposer ces autres empires à son gigantesque rival ; elle compromet son avenir par quelques foibles avantages qu'elle leur arrache, mais qu'ils sauront bien lui retirer en temps et lieu.

L'Amérique, par sa position, par la beauté de son climat et la fertilité de son sol, fera un commerce avec l'Europe qui tournera entièrement à son profit, et lui aspirera peu à peu son numéraire, alors qu'il devient de jour en jour plus nécessaire à celle-ci pour subvenir aux besoins qu'elle ne cesse de se créer. Peut-être que, considérant ce danger comme très-éloigné, les hommes d'Etat n'en sont guère frappés; cependant ils auroient tort de fonder leurs calculs sur l'époque où l'Amérique sera dangereuse, d'après les probabilités d'une augmentation ordinaire en population et en prospérité. Qu'ils réfléchissent au chemin que les Etats-Unis ont fait dans l'espace de quarante ans; l'élan que prendront les autres, au sortir de la lutte où ils sont engagés, ne sera pas moins rapide.

Il est inutile de se livrer plus long-temps à des recherches sur les améliorations urgentes dans la politique et dans l'administration, Charles X, ainsi que l'architecte grec, exécute en un clin-d'œil tout le bien que nous signalerions dans de lourds et fastidieux écrits; depuis que celui-ci étoit sous presse, il a abrogé l'ordonnance du 15 août dernier, et je me trouve tout confus d'arriver après coup et être réduit à supprimer la belle philippique que j'avois composée contre la censure; mais avec notre bien-aimé souverain, il faut se résoudre à souffrir ces genres de désappointemens. Ce n'est point un Roi qui consulte son peuple pour connoître ses vœux, c'est un tendre père qui les prévient; et ici la bonne volonté s'unit toujours à la plus exquise sagacité. Quel mauvais métier désormais que celui de censeur, avec un Roi qui ne nous laissera rien à reprendre ni rien demander !

FIN.

www.ingramcontent.com/pod-product-compliance
Lightning Source LLC
LaVergne TN
LVHW050650090426
835512LV00007B/1124